# Sumemos con el
# DOMINÓ

*por Lynette Long, Ph.D.*

*Traducción de Teresa Mlawer*

Charlesbridge

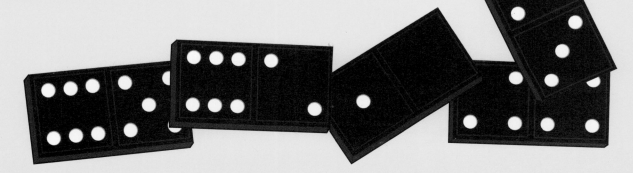

Para mi papá, cuya constante creatividad
es una inspiración para mí.

— L.L.

Published by Charlesbridge Publishing
85 Main Street
Watertown, MA 02472
(617) 926-0329
www.charlesbridge.com

Printed in the United States of America
10 9 8 7 6 5 4 3 2

Library of Congress Cataloging-in-Publication Data
Long, Lynette.
[Domino addition. Spanish]
Sumemos con el dominó/por Lynette Long; traducción de
Teresa Mlawer.
p.   cm.
Summary:  Explains basic addition through the use
of dominoes.
ISBN 0-88106-909-4 (softcover)
1. Addition—Juvenile literature.  2. Dominoes—
Juvenile literature.   [1. Addition.  2. Dominoes.
3. Spanish language materials.]  I. Title.
QA115.L7218  1997
513.2'11—dc21                    96-53687

The illustrations in this book are done in Adobe Illustrator.
The display type and text type were set in ITC Benguiat Gothic,
Serif Gothic, and Monoline Script.
Printed and bound by Worzalla Publishing Company, Stevens Point, Wisconsin
This book was printed on recycled paper.
Production supervision by Brian G. Walker
Designed by Diane M. Earley

¡Este libro es como un tesoro escondido!
Puedes buscar la ficha que tenga el
número correcto de puntos y, una vez que
termines, si quieres verificar la respuesta
da la vuelta a la página y la encontrarás
en la esquina. Pero recuerda que es más
divertido que tú sólo busques la
respuesta. ¡No vale hacer trampa!

Aprender a sumar es divertido, especialmente si utilizas las fichas del dominó. ¡Es muy fácil! ¡Aprendamos cómo se hace!

Las fichas del dominó están divididas en dos cuadrados. Cada cuadrado puede tener cero, uno, dos, tres, cuatro, cinco o seis puntos.

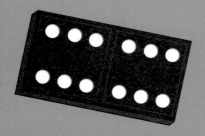

Una ficha puede tener tres puntos en un cuadrado y ningún punto o cero, en el otro,

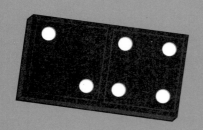

o dos puntos en un cuadrado y cuatro en el otro,

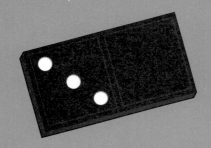

o seis puntos en un cuadrado y seis en el otro.

Aquí puedes ver un juego completo de dominó.

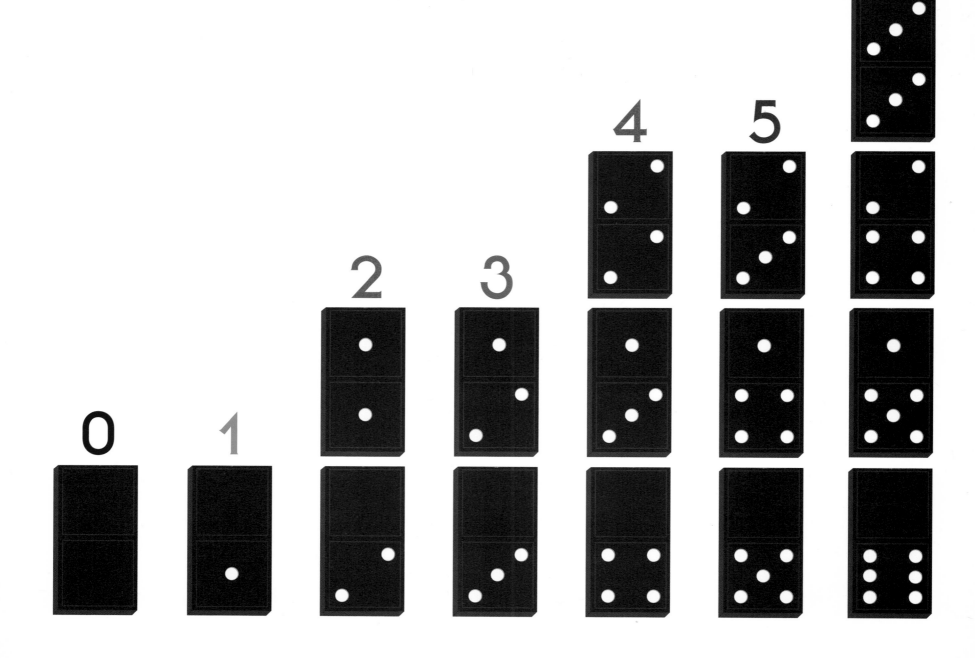

Puedes **sumar** los puntos para saber el total de puntos que hay en cada ficha.

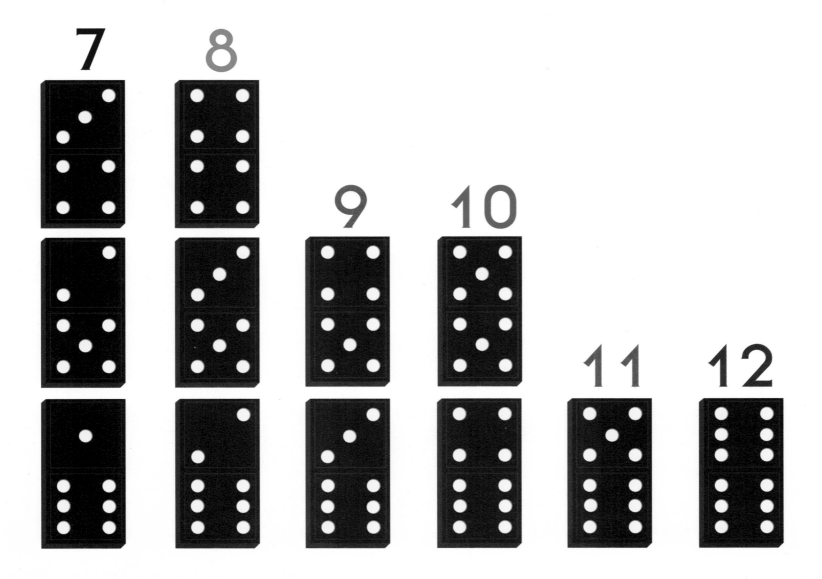

Suma el número de puntos que hay en el cuadrado de arriba, con los puntos que hay en el cuadrado de abajo.

$$0$$
$$+0$$
$$\overline{\phantom{00}}$$
$$0$$

¡El total es **CERO**!

¿Puedes encontrar la ficha que tiene un total de **CERO** puntos?

Suma los puntos en el cuadrado de arriba, con los puntos en el cuadrado de abajo.

$$\begin{array}{r} 1 \\ +\,0 \\ \hline 1 \end{array}$$

¡El total es **UNO**!

# Señala la ficha que tiene un total de **UNO**.

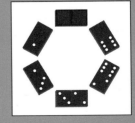

Suma los puntos en el cuadrado de arriba, con los puntos en el cuadrado de abajo de cada ficha.

$$\begin{array}{r} 2 \\ +0 \\ \hline 2 \end{array}$$

$$\begin{array}{r} 1 \\ +1 \\ \hline 2 \end{array}$$

¡El total es **DOS**!

¿Cuáles son las fichas que tienen un total de **DOS** puntos?

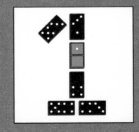

Suma los puntos en el cuadrado de arriba, con los puntos en el cuadrado de abajo de cada ficha.

$$\begin{array}{r} 3 \\ +0 \\ \hline 3 \end{array} \qquad \begin{array}{r} 2 \\ +1 \\ \hline 3 \end{array}$$

¡El total es **TRES**!

# Busca las fichas que tengan un total de **TRES** puntos.

Suma los puntos en el cuadrado de arriba, con
los puntos en el cuadrado de abajo de cada ficha.

$$\begin{array}{r} 4 \\ +0 \\ \hline 4 \end{array}$$

$$\begin{array}{r} 3 \\ +1 \\ \hline 4 \end{array}$$

$$\begin{array}{r} 2 \\ +2 \\ \hline 4 \end{array}$$

¡El total es **CUATRO**!

¿Qué fichas tienen un total
de **CUATRO** puntos?

Suma los puntos en el cuadrado de arriba, con los puntos en el cuadrado de abajo de cada ficha.

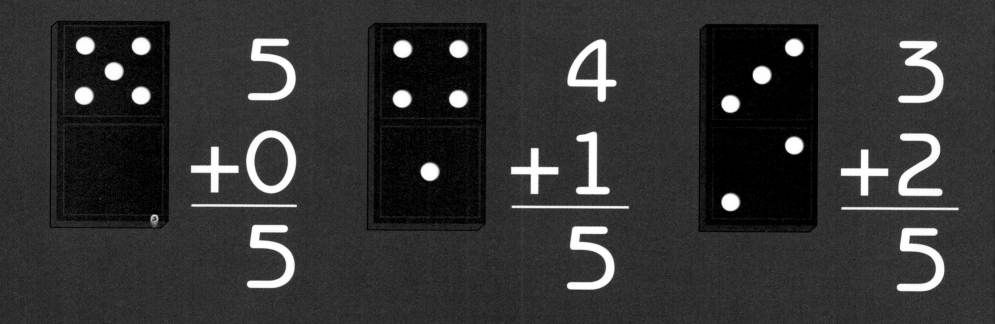

$$\begin{array}{r} 5 \\ +0 \\ \hline 5 \end{array} \qquad \begin{array}{r} 4 \\ +1 \\ \hline 5 \end{array} \qquad \begin{array}{r} 3 \\ +2 \\ \hline 5 \end{array}$$

¡El total es **CINCO**!

Busca las fichas
cuyo total sea de
**CINCO** puntos.

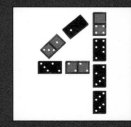

Suma los puntos en el cuadrado de arriba, con
los puntos en el cuadrado de abajo de cada ficha.

$$\begin{array}{r} 6 \\ +0 \\ \hline 6 \end{array}$$

$$\begin{array}{r} 5 \\ +1 \\ \hline 6 \end{array}$$

$$\begin{array}{r} 4 \\ +2 \\ \hline 6 \end{array}$$

$$\begin{array}{r} 3 \\ +3 \\ \hline 6 \end{array}$$

¡El total es **SEIS**!

¿Puedes encontrar las fichas que tienen un total de **SEIS** puntos?

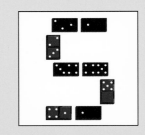

Suma los puntos en el cuadrado de arriba, con los puntos en el cuadrado de abajo de cada ficha.

$$\begin{array}{r} 6 \\ +1 \\ \hline 7 \end{array} \qquad \begin{array}{r} 5 \\ +2 \\ \hline 7 \end{array} \qquad \begin{array}{r} 4 \\ +3 \\ \hline 7 \end{array}$$

¡El total es **SIETE**!

Señala las fichas que tienen un total de **SIETE** puntos.

Suma los puntos en el cuadrado de arriba, con
los puntos en el cuadrado de abajo de cada ficha.

$$\begin{array}{r} 6 \\ +2 \\ \hline 8 \end{array}$$

$$\begin{array}{r} 5 \\ +3 \\ \hline 8 \end{array}$$

$$\begin{array}{r} 4 \\ +4 \\ \hline 8 \end{array}$$

¡El total es **OCHO**!

¿Cuáles son las fichas que tienen un total de **OCHO** puntos?

Suma los puntos en el cuadrado de arriba, con los puntos en el cuadrado de abajo de cada ficha.

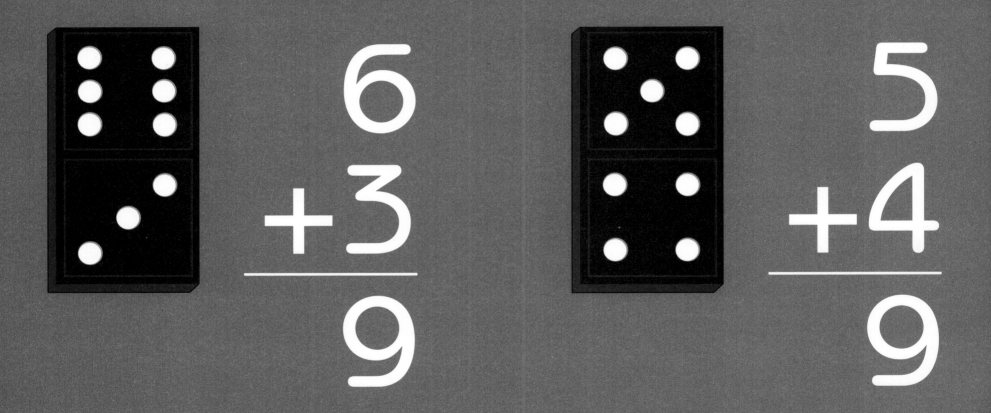

¡El total es **NUEVE**!

Busca las fichas que tienen un total de **NUEVE** puntos.

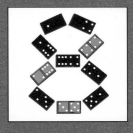

Suma los puntos en el cuadrado de arriba, con los puntos en el cuadrado de abajo de cada ficha.

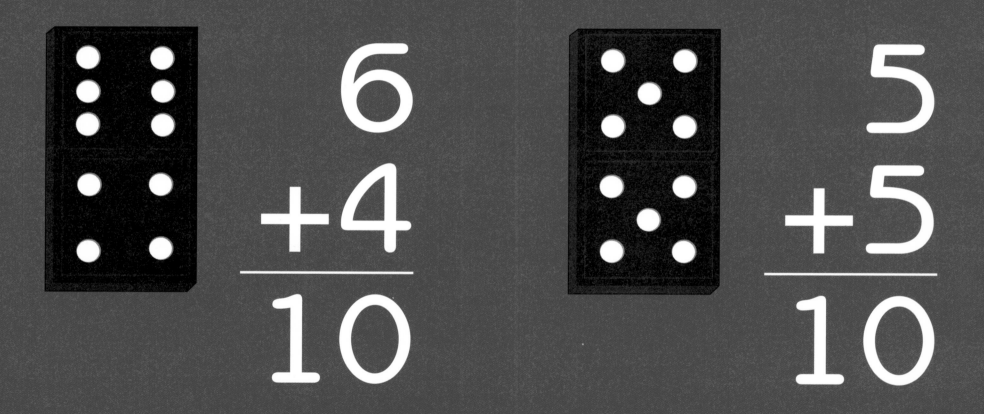

$$\begin{array}{r} 6 \\ +4 \\ \hline 10 \end{array}$$

$$\begin{array}{r} 5 \\ +5 \\ \hline 10 \end{array}$$

¡El total es **DIEZ**!

# ¿Cuántas fichas tienen un total de **DIEZ** puntos?

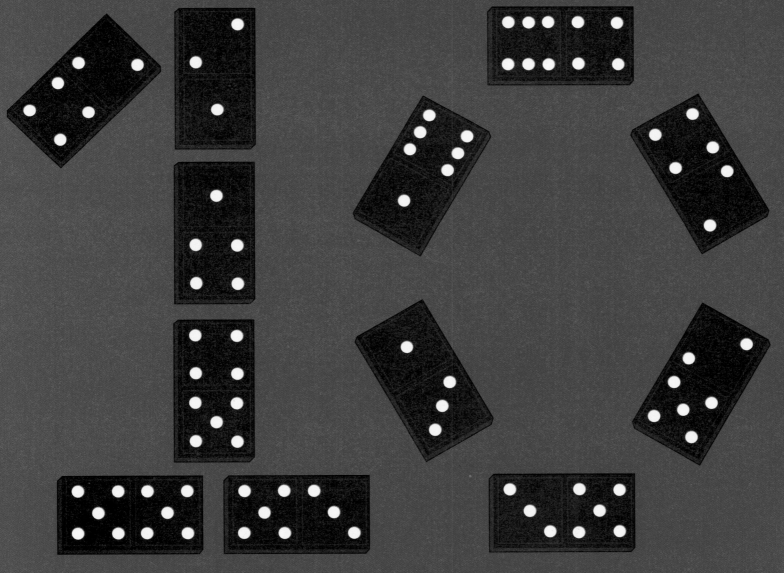

Suma los puntos en el cuadrado de arriba de esta ficha, con los puntos en el cuadrado de abajo.

6
+5
___
11

¡El total es **ONCE**!

# Busca la ficha que tiene un total de **ONCE** puntos.

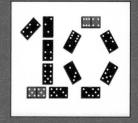

Suma los puntos en el cuadrado de arriba de esta ficha, con los puntos en el cuadrado de abajo.

$$\begin{array}{r} 6 \\ +6 \\ \hline 12 \end{array}$$

¡El total es **DOCE**!

¿Puedes encontrar la ficha que tiene un total de
**DOCE** puntos?

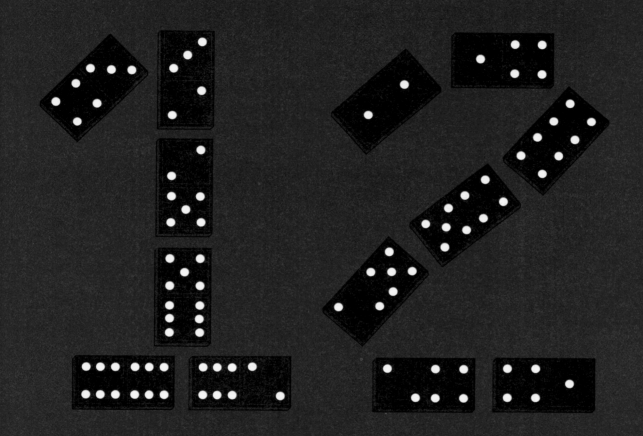

¡Enhorabuena, ya sabes sumar hasta DOCE! Fue
divertido, ¿verdad?

Ahora, da vuelta a la página para que
compruebes lo que hiciste.

0 + 0 =   **0**

1 + 0 =   **1**

2 + 0 =
1 + 1 =   **2**

3 + 0 =
2 + 1 =   **3**

4 + 0 =
3 + 1 =   **4**
2 + 2 =

5 + 0 =
4 + 1 =   **5**
3 + 2 =

6 + 0 =
5 + 1 =   **6**
4 + 2 =
3 + 3 =

6 + 1 =
5 + 2 =   **7**
4 + 3 =

6 + 2 =
5 + 3 =   **8**
4 + 4 =

6 + 3 =   **9**
5 + 4 =

6 + 4 =   **10**
5 + 5 =

6 + 5 =   **11**

6 + 6 =   **12**